INSTITUT DE FRANCE

—

ACADÉMIE DES SCIENCES MORALES ET POLITIQUES

—

L'ANCIENNE LÉGISLATION COMMERCIALE

ESPAGNOLE

ET LE CODE DE 1885

PAR

Arthur DESJARDINS

MEMBRE DE L'INSTITUT
AVOCAT-GÉNÉRAL A LA COUR DE CASSATION

PARIS

—

1891

L'ANCIENNE LÉGISLATION COMMERCIALE

DE L'ESPAGNE

ET LE CODE DE 1885

——

Messieurs,

J'avais exprimé, dans une de vos séances, après la promulgation du nouveau Code de commerce espagnol, le vœu qu'une bonne traduction française de cet acte législatif parût dans le plus bref délai possible. Ce vœu est exaucé. M. Henri Prudhomme, docteur en droit, substitut du procureur de la République près le tribunal de Sens, vient de traduire et d'annoter le Code de 1885 (1). L'interprétation est fidèle, claire et précise ; elle atteste le sens juridique et l'érudition de son auteur. Les notes, qu'on voudrait un peu plus fréquentes, sont toujours judicieuses. Une introduction fort intéressante précède le texte : à une très rapide esquisse historique succède une série d'aperçus sur l'œuvre nouvelle. Ceux-ci ne résument pas le Code de l'Espagne contemporaine, mais en donnent une idée générale : synthèse difficile, et qui ne pouvait être menée à bonne fin sans un rare esprit de discernement. Encouragé par l'exemple de M. Prudhomme, je ne me borne pas à vous offrir de sa part le volume qu'il vient de publier. Permettez-moi de vous exposer quelques vues personnelles sur le développement progressif de la législation commerciale espagnole.

(1) 1 vol. in-8°, Pedone-Lauriel, Paris, 1891.

I

Il ne nous reste rien des coutumes nationales rédigées par Euric et refondues par Léovigild, presque rien du Code attribué à Reccarède Ier (586-601). Nous avons, au contraire, le Code de Reccessuinthe, composé de douze livres, mélange d'édits visigothiques, de droit romain et de droit canonique, qui gouverna l'Espagne sous le nom de *Forum judicum* et devint, après avoir subi des modifications successives, le *Fuero juzgo* : on peut en extraire un petit nombre de textes qui se rapportent soit au commerce terrestre, soit au commerce maritime. Mais le premier document législatif qui offre, au point de vue commercial, une véritable importance est le corps de lois publié en 1250 par Jacques Ier, roi d'Aragon, sous le titre de *Costumes de Valencia*. On y trouve le premier type d'un Code commercial maritime et les obligations des capitaines ou des armateurs envers les chargeurs, les règles sur le jet et la contribution y sont déjà décrites avec une précision remarquable. Huit ans plus tard, le même prince homologuait un règlement sur la navigation préparé par les prud'hommes de Barcelone, et, dès l'année 1266, il conférait des attributions nouvelles et très étendues aux consuls chargés de rendre la justice *in navibus et lignis ad partes ultramarinas navigantibus*. Au développement de l'activité commerciale en Espagne dans la dernière partie du XIIIe siècle correspond le développement de l'activité législative : le privilège de 1269, la pragmatique de 1271 encore octroyés par Jacques Ier d'Aragon, le *recognoverunt proceres* de 1283, les deux pragmatiques d'Alphonse III (1288), les ordonnances de Pierre III d'Aragon sur les banques, l'édit par lequel le même prince institue à Valence, en 1283, une juridiction spéciale chargée de statuer sur les contestations maritimes marquent autant de progrès accomplis par l'Espagne du moyen âge et nous apportent le témoignage de sa grandeur naissante. Mais il faut signaler avant tout le vaste recueil connu sous le nom de *Partidas*, dans lequel, en 1266, Alphonse X, roi de Castille, tâche de coordonner les principes du droit public en vigueur au XIIIe siècle, du droit canonique, du droit romain et des usages du commerce ; on doit classer au premier plan des anciennes lois commerciales espagnoles non seulement les titres 7, 8 et 9 de la cinquième *Partida* (1), mais encore les titres 18, 24 et 26 de la seconde. Tout le monde sait que les *Partidas*, successivement développées et modifiées, ont été commentées en 1550 par Diez de Montalvo, en 1611 par Lopez.

Aucun document n'égale en importance, pour l'histoire du droit commercial, le *Consulat de la mer*. Or il nous semble démontré, quoi qu'on ait écrit pour le rattacher soit à l'Italie, soit à la Provence, que le Consulat est d'origine catalane, et parmi les titres de noblesse que la grande nation espagnole peut inscrire au frontispice de son histoire, ce n'est pas un des moindres dont elle ait à s'enorgueillir. Les plus anciens manuscrits du Consulat sont écrits dans l'idiome catalan, les quatre premières éditions (1494, 1502, 1517, 1523) furent imprimées à Barcelone, c'est dans une ordonnance de Barcelone (1435) qu'il est visé pour la première fois, et l'on peut admettre, au vu des pièces qui le précèdent et le suivent soit dans le plus ancien manuscrit de la bibliothèque nationale, soit dans l'édition de 1494 qu'il faisait partie, au XIVe siècle, d'un recueil de lois aragonaises à l'usage des tribunaux de Barcelone. Les 252 chapitres qui le composent embrassent toutes les matières maritimes qui pouvaient être traitées au XIVe siècle, entassées pêle-mêle et comme au hasard. D'ailleurs on ne s'arrêta guère, dans les villes maritimes, à ce défaut de

____

(1) M. Prudhomme, *Introduction*, p. 25.

méthode, et le Consulat de la mer régna dès le xve siècle sur presque tout le littoral de la Méditerranée. On finit même par l'appliquer au delà de ces limites comme un droit coutumier général. *Consulatus maris*, disait Casaregis au xviiie siècle, *in materiis maritimis uti universalis consuetudo... communiter apud omnes provincias et nationes recepta*. Mais il faut combiner, pour l'histoire même du droit espagnol, le Consulat, qui n'est pas un acte de l'autorité publique, avec un assez grand nombre de documents législatifs tels que les pragmatiques ou ordonnances de Barcelone de 1306, de 1340, de 1341, de 1343, de 1381 et de 1386, surtout avec le grand règlement de procédure qui précède dans les anciennes éditions du Consulat, le Consulat proprement dit et qui fut réédité par sir Travers Twiss en 1876 sous ce titre : l'*orde judiciari de la cort dels consols de la mar*. Ce tableau des attributions consulaires au xive siècle est un document de premier ordre pour l'histoire du droit commercial au moyen âge.

Des deux ordonnances rendues par les magistrats de Barcelone en 1435, la seconde a particulièrement attiré l'attention des jurisconsultes (1). Elle traite des assurances en dix-neuf articles et l'on a pu la considérer avant les découvertes de l'érudition contemporaine, même dans la première partie du xixe siècle, comme le plus ancien acte de l'autorité publique qui eût paru en Europe sur cette matière. Elle contenait déjà toutes les grandes lignes d'une législation complète, quoique l'expérience dût nécessairement corriger un certain nombre de ces conceptions primitives. Rien n'est plus curieux que de suivre les efforts rapides et successifs du commerce espagnol, tantôt pour dégager le contrat d'assurance des liens dans lesquels une réglemen-

---

(1) La première complète ou sanctionne plusieurs chapitres du Consulat de la mer ; nous l'avons succinctement analysée dans notre *Introduction historique à l'étude du droit commercial maritime*, p. 90.

tation trop étroite l'avait d'abord enserré, tantôt pour déjouer les abus ou les fraudes qui pouvaient l'étouffer dans son berceau. L'ordonnance catalane de 1458, en vingt-deux articles, qui remplace celle de 1435, est encore un code de règlementation outrée, mais l'ordonnance de 1484, qui abroge toutes les autres, est conçue dans un esprit beaucoup plus libéral. Ce dernier acte, qui fixe à peu près la législation espagnole des assurances, exerce une influence décisive sur le droit et la jurisprudence des villes méditerranéennes.

Valence et Barcelone possédaient, avant le xve siècle, une juridiction consulaire investie de pouvoirs étendus. Les commerçants de Burgos sollicitèrent de Ferdinand et d'Isabelle la création d'une juridiction semblable et l'obtinrent le 21 juillet 1494. A vrai dire, la pragmatique royale provoqua sur-le-champ les réclamations des marchands et des navigateurs soit du comté de Biscaye, soit des provinces de Guipuscoa et Alava, sur lesquelles statuèrent trois pragmatiques nouvelles (14 février et 20 septembre 1495, 19 janvier 1496). Dans les dernières années du même siècle, le jurisconsulte Alonso Montalvo publia sous le titre d'*Ordenamiento Real* une compilation alphabétique de diverses lois contenues dans le *Fuero Real* d'Alphonse X, les *Leyes del Estilo*, l'*Ordenamiento de Alcala*, avec des gloses. Cet ouvrage ne figure pas au nombre des collections législatives officielles parce qu'il n'a jamais reçu la sanction royale : les rares lois commerciales qu'il contient ne puisent leur autorité que dans l'exactitude de la transcription faite sur le texte original. Cependant cette première *recopilacion* eut une grande vogue : on la réédita trente-deux fois, et les praticiens en firent un usage quotidien, du moins jusqu'en 1567, c'est-à-dire jusqu'à la publication de la *nueva recopilacion*.

Philippe II promulgua cette *nueva recopilacion*, réclamée depuis 1523 par les Cortès : c'est un recueil énorme dont les rédacteurs avaient amalgamé, dans une série de livres divisés en titres, lesquels se subdivisaient en lois (*leyes*) selon la méthode de Tribonien, des ordonnances sur toutes les matières, y compris le commerce terrestre et le commerce maritime (1), empruntées à tous les règnes. Il est presque inutile de dire que ce prince n'atteignit pas son but : cette nouvelle *recopilacion* n'était pas mieux ordonnée que la précédente ; des lois surannées subsistaient encore, contredites par des lois plus récentes, et l'embarras général s'accrut. On recourut aux lumières du *Consejo Real* ou Conseil de Castille, et les dispositions qu'il arrêta pour concilier ou compléter les textes de la *recopilacion* reçurent le nom d'*autos acordados*. Les éditions du recueil proprement dit se multiplièrent (1591, 1592, 1598) et des séries d'*autos acordados* furent annexées à chacune d'elles.

Bilbao, célèbre dans les fastes du droit commercial, obtint, le 22 juin 1511, l'institution d'un consulat semblable à celui de Burgos. Ses consuls, autorisés à rédiger des règlements, tant sur leur propre juridiction que sur presque toutes les matières commerciales, préparèrent et publièrent en 1560 un règlement en 74 articles dont les 22 premiers concernent l'organisation du consulat, les suivants jusqu'au 70e les assurances et les avaries, les quatre derniers traitant de la procédure. On retrouve dans ce document le germe des dispositions contenues dans les célèbres ordonnances de Bilbao, qui régirent plus tard toute une région de l'Espagne et plusieurs des colonies espagnoles, sans qu'il faille l'envisager toutefois comme une première édition de l'acte approuvé par Philippe V en 1737 : les *ordenanzas* du XVIIIe siècle ont une tout autre portée, puisqu'elles embrassent la plus grande partie du droit commercial.

Au début du XVIe siècle (20 janvier 1503), Isabelle et Ferdi-

---

(1) Nous en avons signalé, dans notre *Introduction historique*, p. 107, les principales dispositions relatives au droit maritime.

nand avaient établi à Séville une juridiction connue sous le nom de *Casa de la contratacion de las Indias*, en lui conférant le droit de faire des règlements sur le commerce avec l'Amérique. Cette chambre usa de son pouvoir pour publier en novembre 1507 un règlement sur les prêts à la grosse. La multiplicité des procès détermina Charles-Quint à créer dans la même ville, le 23 août 1543, une juridiction consulaire, en laissant subsister la *casa,* dont un membre devait statuer sur les appels des jugements rendus par les consuls (1). Philippe II, agissant comme lieutenant de son père, régla minutieusement, par la volumineuse ordonnance d'août 1552, les attributions du haut tribunal fondé en 1503, en y insérant un grand nombre de dispositions sur l'ensemble du droit maritime privé, qui continuèrent à régir l'Espagne même après 1556. L'ordonnance de 1556, rédigée par les consuls que Charles-Quint avait institués en 1543, mais sanctionnée par le pouvoir royal, ne retoucha (ch. XXVII à LX) que la partie relative aux assurances. Cette dernière loi, qui fut encore appliquée, même après la translation à Cadiz *de la casa de contratacion* (1727), prévoit tout ou peu s'en faut, et dépasse en étendue la plupart des titres dans lesquels les rédacteurs des codes européens ont traité de l'assurance maritime. Tout se prépare pour la codification des lois commerciales.

Il faut placer, à côté de ces documents législatifs, les pragmatiques de 1510 et de 1599 sur la juridiction consulaire de Barcelone et les trois ordonnances rendues en 1538 pour la ville de Burgos : la première règle l'organisation intérieure et le mécanisme de la juridiction consulaire locale ; la seconde permet aux consuls d'envoyer dans les ports des commissaires investis d'attributions importantes ; la troisième traite des assurances.

(1) Une ordonnance du 15 août 1539 réservait au conseil du roi les appels dirigés contre les arrêts de la *casa*.

Charles II décida, le 16 mars 1682, d'établir à Saint-Sébastien un consulat (tribunal de commerce) et sanctionna, le 19 septembre, un projet qui lui avait été adressé par les commerçants de cette ville. Ce document ne compte pas moins de quatre-vingt-quatre chapitres dont les trente-quatre premiers et le dernier concernent la procédure.

Les rois d'Espagne avaient institué dans les colonies américaines, même avant 1681, des juridictions semblables aux *consulats* de la mère-patrie. Philippe IV enjoignit aux juges de Mexico, par une ordonnance du 16 avril 1648, de se conformer, en ce qui concernait les assurances, aux règlements faits pour Séville. C'est ce que décide encore le quarante-cinquième chapitre de l'ordonnance de 1668 pour le « consulat » du Pérou, Terre-Ferme et Chili. En 1681, Charles II publia un volumineux recueil législatif en quatre tomes, réunissant et classant dans un ordre logique tout ce qui concernait les rapports politiques ou commerciaux de l'Espagne avec les colonies espagnoles des Indes orientales, même avec les îles Philippines et la Chine. Les rédacteurs de ce recueil suivirent aussi les procédés de Tribonien, c'est-à-dire travaillèrent à fondre dans chaque titre, subdivisé lui-même en un certain nombre de lois, les décrets royaux, règlements, instructions antérieurement promulgués sur chaque matière. Nous en avons signalé, dans notre *Introduction historique*, les titres les plus importants pour l'histoire du droit maritime. Mais il y a, dans la *Recopilacion de leyes de los Reynos de las Indias* (1), pour les jurisconsultes qui voudraient écrire une histoire détaillée de tout le droit commercial espagnol au XVIe et au XVIIe siècles, une mine d'une grande richesse. Ils devraient en combiner l'étude avec celle de la *Curia filipica* de Juan de Hevia Bolanos (1652), dont la seconde partie embrasse le droit

______

(1) Entièrement distincte de la *Recopilacion* de 1567, qui avait été réimprimée en 1640 avec des additions.

commercial tout entier (*donde se trata breve y compendio-
samente de la mercancia y contratacion de terra y mar*) :
ouvrage d'autant plus précieux qu'il précède les grands
travaux de codification exécutés en France et dans plusieurs
autres pays de l'Europe.

Une grande partie du littoral espagnol de l'Océan fut
régie pendant le xviiie siècle, du moins à partir de 1737,
par l'ordonnance de Bilbao (*ordenanzas de la ilustre uni-
versidad y casa de contratacion de la M. N. Y. M. L. Villa
de Bilbao*) : œuvre importante, rédigée en vertu d'une déli-
bération prise en 1725 par la junte générale des commerçants de Bilbao et manifestement inspirée, dans beaucoup
de ses dispositions, par les grandes ordonnances françaises
du xviie siècle. Celle-ci survécut, dans les colonies de
l'Amérique, à la domination même de la mère-patrie. Elle
fut appliquée au Mexique jusqu'en 1854, dans la République
de l'Uruguay jusqu'en 1865, au Chili jusqu'en 1867, au Para-
guay jusqu'en 1870, dans la République de Guatemala jusqu'en 1877, dans la République de Honduras jusqu'en 1880.

Ce succès, quoiqu'il ait peut-être facilité, pour le
xixe siècle, l'unification de la législation commerciale, fut
loin de la déterminer au xviiie. Il n'était pas une grande
ville de commerce qui n'eût ressenti quelque humiliation
si le pouvoir royal ne l'eût dotée d'une ordonnance parti-
culière : celle de Saint-Sébastien fut réimprimée en 1714
avec des textes complémentaires, revisée en 1766. Valence
et Burgos eurent leurs lois spéciales en 1773, Cadiz en 1781,
Alicante et Orihuela en 1785, Santander en 1794, Palma
en 1800 ; les trois corps de commerce de la Catalogne avaient
obtenu la leur en 1797, San Lucar de Barameda conquit la
sienne en 1806, la Corogne en 1811, Grenade en 1825. Une
cédule du 26 août 1827, qui avait établi à Madrid un
« consulat » de commerce, prescrivit d'y suivre l'ordonnance de Bilbao, revisée en 1819, jusqu'à la promulgation
d'un code uniforme.

Deux éditions nouvelles de la *Recopilacion* de 1567 furent publiées au XVIIIᵉ siècle : la première en 1723, la seconde en 1745. Celle-ci contient un tome additionnel dans lequel, outre un bon nombre d'*autos acordados del Consejo,* on trouve plus de 500 pragmatiques, ordonnances ou déclarations royales tant sur certaines matières commerciales que sur les matières administratives distribuées dans le même ordre que les textes insérés aux deux premiers tomes des lois compilées *(recopiladas).* La confusion devint effroyable et l'embarras des juges fut à son comble. On réclama donc un nouveau recueil, en harmonie avec les nouveaux besoins du pays. En 1777, Charles III chargea Manuel de Lardizabal de rédiger une collection de décrets, cédules, *autos acordados* publiés depuis 1745 qui, réunis en un seul livre, serviraient d'appendice ou de complément à la *Recopilacion.* Mais le projet qui fut soumis au Conseil royal par ce jurisconsulte ne parut pas répondre aux vues du gouvernement, et Charles IV délégua, en 1798, don Juan de la Roguera Valdelomar, *relator* de la chancellerie de Grenade, qui termina son travail en 1802. C'est la *novisima recopilacion,* qui fut approuvée et promulguée par cédule royale du 15 juillet 1805. On s'était proposé, paraît-il, de faire un code homogène *(un codigo homogeneo),* mais sans succès : la *novisima recopilacion,* a dit très exactement Diaz y Mendoza, n'est, à proprement parler, ni un code civil, ni un code de procédure, ni un code de commerce, ni un code municipal ; elle est tout cela à la fois : on y parle des matières civiles, commerciales et de beaucoup d'autres, mais toutes ces parties manquent de cohésion, et chacune des matières, réglée par des lois disparates, est incomplètement traitée. En somme, elle n'offre, malgré sa date assez récente, qu'une médiocre importance pour l'histoire du droit commercial espagnol au XIXᵉ siècle.

La plupart de ces souvenirs historiques ont leur grandeur et leur attrait. L'Espagne donnait des modèles à l'Europe dès le XIIIᵉ siècle. Au XIVᵉ, elle rayonnait sur l'univers maritime par le Consulat de la mer et contribuait à renouveler tout le commerce en propageant le contrat d'assurance. Au XVᵉ, elle découvrait un monde, et portait au delà des mers sa religion, sa langue, son génie : les immenses travaux législatifs auxquels elle se livra dès le début du siècle suivant nous initient au développement de sa vie coloniale et nous permettent d'apprécier par quel gigantesque effort d'activité politique elle réduisit la plus grande partie de l'Amérique en province latine. C'est par cette voie illuminée de la gloire espagnole que nous arrivons au XVIIIᵉ siècle et que nous touchons à la période contemporaine.

Tandis que l'attachement des provinces à leurs *fueros* devait retarder longtemps encore l'unification de la législation civile proprement dite, Ferdinand VII put doter l'Espagne d'un code de commerce national en mai 1829. Les efforts d'une première commission, nommée en 1820, n'avaient pas abouti. Une commission nouvelle fut instituée le 11 janvier 1828, sur la proposition de D. Pedro Sainz Andino. Elle répartit sur-le-champ le travail entre ses membres. Pedro Sainz Andino s'occupa du commerce maritime et des faillites, Bruno Vallarino des tribunaux de commerce, César Martin Sans des livres et des courtiers de commerce, Manuel Maria Cambronero des contrats commerciaux : Antonio Poral rédigeait en même temps un second projet sur les courtiers, et Ramon Lopez Pelegrin en préparait deux ; l'un sur le commerce, les personnes qui peuvent l'exercer, son objet et sa juridiction ; l'autre sur la procédure en matière commerciale. On obtint ainsi des pièces législatives juxtaposées qui ne se reliaient pas l'une à l'autre, et cette œuvre mal ordonnée ne put recevoir la sanction royale. Pedro Sainz Andino avait prévu, paraît-il, cet échec de la commission aux travaux de laquelle il coopérait et préparait en secret un projet différent, d'une bien autre étendue, dans lequel il s'efforçait d'approprie aux besoins du commerce moderne les *ordenanzas* de Bilbao, en les combinant le plus souvent avec les principes du droit français (1). Ce code, qui se divisait en cinq livres et ne comprenait pas moins de 1219 articles, devint exécutoire à partir du 1er janvier 1830. La publication en fut faite à Cuba le 1er février, à Puerto-Rico le 17 février, aux îles Philippines le 26 juillet 1832.

Pardessus adressa de vives félicitations à son auteur. « Au risque de déplaire à ceux qui nous dépeignent l'Espagne « comme plongée dans la barbarie, écrivait en 1831 notre « illustre confrère, nous dirons que le nouveau code *l'em- « porte sur tous ceux qui ont paru jusqu'à présent*. Quand les « rédacteurs n'auraient fait que profiter des codes des autres « nations, il faudrait rendre hommage à leur sagesse ; « mais ils ont mieux fait et, par conséquent, il faut rendre « hommage à leur science. » Ce grand éloge, à cette date, n'était peut-être pas immérité. Le code de 1829, en dépit d'une rédaction quelquefois diffuse et prolixe, l'emporte, à tout prendre, sur notre code de 1807 : il est disposé plus méthodiquement et n'offre pas autant de lacunes.

Pedro Sainz Andino fut presque aussitôt chargé de compléter son travail en préparant un projet de loi sur la procédure en matière commerciale, qui fut promulgué le 24 juillet 1830.

II

Quels que fussent les mérites du nouveau code commercial, le gouvernement espagnol manifesta, dès 1831, l'intention de le modifier. Deux commissions furent nommées à cet effet : l'une en 1834, l'autre en 1837. Celle-ci termina bientôt la rédaction d'un projet qui fut publié en 1839, mais

(1) « Le nouveau Code de commerce espagnol, a dit en 1837, non « sans quelque exagération, M. Victor Foucher, peut être considéré « comme un commentaire légal de la loi française. »

ne reçut jamais la sanction royale. Les travaux d'une nouvelle commission, nommée en 1855, n'aboutirent pas. Une autre fut instituée par le décret royal du 20 septembre 1869. Ses travaux furent successivement dirigés pendant cinq ans par le savant jurisconsulte Pedro Gomez de la Serna et par M. Manuel Alonzo Martinez, qui devait, en 1889, doter l'Espagne d'un code civil, présenté naguères à cette Académie par M. Aucoc. Le projet qu'elle avait préparé semblait abandonné, quand une loi du 7 mai 1880 en prescrivit la publication. Une commission nouvelle, chargée de le reviser, consulta les Universités, les tribunaux, les collèges d'avocats, les principales corporations ou sociétés commerciales. M. Alonzo Martinez, qui l'avait encore présidée, soumit aux Cortès, le 18 mars 1882, comme Ministre de la justice, un projet définitif, précédé d'un exposé de motifs étendu, sorte de commentaire anticipé. Les Chambres n'y apportèrent que de légères modifications et votèrent décidément un nouveau code de commerce, qui fut promulgué le 22 août 1885, étendu par un décret du 28 janvier 1886, à Cuba et à Puerto-Rico (1), déclaré par un ordre royal du 6 août 1888 exécutoire aux îles Philippines (2). C'est l'œuvre importante qu'un magistrat français vient de traduire, et sur laquelle je désire appeler votre attention.

Le code de 1885 n'est pas une œuvre révolutionnaire. Ses auteurs ne l'ont pas jeté dans un nouveau moule. S'il contient un livre de moins que le précédent, c'est que le livre cinquième du code promulgué par Ferdinand VII traitait « de l'administration de la justice en matière de commerce » et que le décret du 6 décembre 1868, confirmé par la loi

(1) En modifiant dix articles. La traduction des articles modifiés est donnée par M. Prudhomme (appendice IV).

(2) Mais l'ordre royal modifiait un plus grand nombre de dispositions, qu'il fallait mettre en harmonie avec la situation géographique et les usages de cette possession.

d'organisation judiciaire des 23 juin - 15 septembre 1870, a supprimé les tribunaux de commerce en Espagne. Le code actuel a probablement bien fait de ne pas les rétablir. Les tribunaux de commerce, dont on pourrait réduire le nombre (1), mais qu'on aurait tort de supprimer en France, ne sont pas un élément nécessaire de l'organisation judiciaire dans tous les pays : là où l'expérience démontre soit qu'ils n'offrent pas certaines garanties de discernement et d'impartialité, soit que les meilleurs citoyens se dérobent systématiquement à une tâche quelquefois pénible, il faut revenir sans hésiter à l'unité de juridiction.

Le premier livre de l'ancien code était intitulé : *Des commerçants et des agents de commerce*. Le premier livre du nouveau code est intitulé : *Des commerçants et du commerce en général*.

La seconde disposition de ce livre offre une importance exceptionnelle parce qu'elle caractérise l'esprit général de la loi nouvelle. « Les actes de commerce, dit-elle, qu'ils « soient accomplis par des personnes ayant ou n'ayant pas « la qualité de commerçant et qu'ils soient ou ne soient pas « spécifiés dans le présent code, seront réglés par les dispo- « sitions contenues audit code, à leur défaut par les usages « commerciaux généralement observés dans chaque place « et, à défaut de ces deux règles, par le droit commun. « *Seront réputés actes de commerce les actes prévus par* « *le présent code et tous les autres actes d'une nature ana-* « *logue* ». L'exposé des motifs commente ainsi la nouvelle règle (2) : « Le code de 1829 partait du concept que les

---

(1) « Le *Messager de Tahiti* annonce que, aux élections pour le tri- « bunal de commerce de Papeete, aucun électeur n'a pris part au vote. « Le bureau n'a pas même pu être constitué, et ce journal conclut à « l'inutilité du rouage judiciaire qu'on nomme tribunal consulaire. » (Journaux français du 1er septembre 1891).

(2) Cf. Henri Prudhomme, *Introduction*, p. XXIV.

« anciens jurisconsultes se faisaient des lois commerciales,
« et se présentait comme le code propre et particulier
« d'une classe spéciale de citoyens. Le projet, au contraire,
« prétend régir tous les actes, toutes les opérations com-
« merciales, quels que soient l'état et la profession de ceux
« qui les exercent... Suivant l'ancienne législation, sont
« commerçants ceux qui ont été inscrits à ce titre sur la
« matricule après avoir rempli préalablement les conditions
« établies par la loi et ceux qui pratiquent habituellement les
« actes qualifiés positivement *actes de commerce:* suivant
« le projet, sont réputés commerçants tous les individus
« capables de contracter et de s'obliger qui se livrent habi
« tuellement à des actes comportant cette qualification,
« quand même le législateur ne s'en serait pas spécialement
« occupé. Il suffit de comparer ces deux systèmes pour
« apercevoir la supériorité de celui qui a été adopté par le
« projet et qui agrandit la sphère du droit commercial en
« faisant rentrer dans ses limites un grand nombre de tran-
« sactions qui avaient échappé précédemment aux regards
« du législateur. Ce système est une conséquence du déve-
« loppement extraordinaire et continu pris par l'esprit de
« spéculation auquel les temps modernes doivent de si
« grandes transformations... Jadis le droit commercial
« comprenait seulement quelques lois maritimes : plus tard
« encore, il se renfermait dans les limites du droit mari-
« time et dans l'étude des règles particulières aux nou-
« veaux contrats que les besoins du commerce avaient
« introduits. Mais, depuis que l'esprit de négoce étend son
« empire sur toute la vie sociale des peuples civilisés et
« pénètre à la fois les relations privées et les rapports
« internationaux, il est évident que le droit commercial ne
« saurait plus être enfermé dans le cercle étroit où il se
« mouvait antérieurement. Il doit, au contraire, élargir
« chaque jour son domaine, cesser d'être un droit excep-
« tionnel ou particulier et, comme on le croyait jusqu'ici

« une sorte de rameau du droit civil, pour devenir un droit
« propre et indépendant, reposant sur des principes fixes,
« dérivés du droit naturel et de la nature même des opéra-
« tions mercantiles ». Il était utile de citer ce morceau remarquable de littérature juridique, parce qu'il dénote un
état d'esprit particulier en même temps qu'une vive réaction
contre l'ancienne conception du droit commercial, admise
par les codes français, belge, hollandais, chilien, argentin,
allemand et italien. Le code portugais de 1888 devait, à son
tour, réputer actes de commerce « tous les contrats et
« engagements des commerçants qui n'auraient pas un
« caractère exclusivement civil, si le contraire ne résultait
« pas de l'acte lui-même ». Les mœurs et les habitudes des
sociétés modernes se sont plus complètement transformées
de 1807 à 1891 que de 1673 à 1807, l'accroissement de la
fortune mobilière, le développement du contrat de société,
le progrès colossal de l'industrie des transports ouvrant au
droit commercial un champ presque illimité.

Conséquent avec lui-même, le code de 1885 assigne un
rôle prépondérant aux usages du commerce. Les questions
non résolues par la loi commerciale elle-même doivent-
elles être tranchées plutôt par ces usages que par les règles
du droit civil ? C'est un grand sujet de controverse. Trois
ans plus tard, le code portugais devait subordonner les
usages au droit commun. Le législateur espagnol adopte la
solution inverse.

Il obéit un peu plus loin à une autre tendance de l'esprit
moderne en déterminant dans l'article 15 la condition des
étrangers et des sociétés étrangères qui se livrent au commerce sur le territoire espagnol. D'après le code de 1829,
les étrangers non naturalisés ou non admis à domicile
(*domiciliados*) ne pouvaient s'adonner au commerce en
Espagne que conformément aux traités conclus entre les
gouvernements respectifs ; à défaut de traités, ils étaient
réduits aux droits que leur propre gouvernement recon-

naissait aux commerçants espagnols : le code de 1885 reconnaît, au contraire, à tous les étrangers et même aux sociétés étrangères la faculté de faire le commerce en Espagne, « à la condition d'observer les lois de leur pays, « en ce qui concerne la capacité requise pour contracter « et de se conformer à ses propres dispositions pour tout « ce qui concerne la création de leurs établissements sur le « territoire espagnol, leurs opérations commerciales et la « juridiction des tribunaux de la nation ». L'exposé des motifs déclare dans un très beau langage que les commerçants doivent être réputés citoyens du monde entier. On attire d'ailleurs, en abandonnant le principe de la réciprocité, les capitaux étrangers dans la péninsule ; on y ranime, par conséquent, l'activité industrielle et commerciale.

Le livre premier contient un titre qui manquait au même livre du précédent code, je parle du titre cinquième, intitulé : « Des lieux et des édifices où se font les contrats de com- « merce, » qui se compose de trois sections : *I. Des bourses de commerce. — II. Des opérations de Bourse. — III. Des autres lieux publics où se font les contrats, des foires, marchés et boutiques.* Le législateur traite aussitôt après, dans un sixième titre, des «agents intermédiaires du commerce, » c'est-à-dire des agents de change et de bourse, des courtiers de commerce, des courtiers interprètes de navires.

Jusqu'au décret-loi de janvier 1869, les bourses de commerce avaient été placées sous la surveillance immédiate de l'autorité publique et soumises à la réglementation la plus stricte. Cet acte législatif ne laissait au gouvernement que des pouvoirs généraux de police. Mais un troisième décret (10 juillet 1874) en suspendit l'application. Le législateur de 1885 s'est efforcé de trouver un moyen terme entre le régime de la liberté sans limite et celui de la réglementation à outrance. Il définit les bourses de commerce « des établissements publics légalement autorisés, où se « réunissent habituellement les commerçants et les agents

« intermédiaires faisant partie d'un collège pour concerter
« ou conclure les opérations commerciales prévues au
« présent titre (1) ». Le gouvernement (art. 65) peut établir des bourses de commerce ou en autoriser l'établisse-
ment là où il le jugera convenable : les sociétés constituées
conformément aux dispositions du nouveau code peuvent
aussi fonder des bourses ; mais la cote des opérations
auxquelles on s'y livrera n'aura de caractère officiel qu'en
vertu d'une autorisation gouvernementale. L'autorisation
du gouvernement est encore nécessaire « pour l'inscrip-
« tion sur les cotes officielles, comme susceptibles d'être
« négociés en bourse, des effets de crédit au porteur d'en-
« treprises étrangères, constituées conformément aux lois
« de l'État où elles ont été créées (art. 70) ». Le code
maintient d'ailleurs, à côté des bourses proprement dites,
des maisons de change ou de négociation (*lonjas o casas
de contratacion*), sans en déterminer le caractère distinc-
tif (2). Enfin le législateur de 1885, en conservant la cor-
poration des agents de change, entend ne lui conférer
aucun monopole. Les parties intéressées ont toujours à leur
disposition les collèges officiels des agents de change et des
courtiers, véritables officiers publics nommés, après enquête
et versement préalable d'un cautionnement, par le ministre
du *fomento*. Mais toute personne peut, sans distinction de
nationalité, faire pour elle-même ou pour le compte d'autrui toute espèce d'opérations sur les valeurs négociables.

Le second livre de l'ancien code était intitulé : « Des
« contrats de commerce en général, de leurs formes et de
« leurs effets ». Le même livre du nouveau code est précédé de cette rubrique : « Des contrats spéciaux du com-
« merce ». Mais, si le cadre est le même, on n'a guères
conservé que le cadre.

(1) Voir l'article 67.

(2) M. Prudhomme essaie de le déterminer dans son Introduction
(p. xxxv), d'après le commentaire de M. Romero y Giron.

Le nouveau titre III (*de la commission commerciale*) manquait dans le code de Ferdinand VII. Le législateur de 1885 y traite d'abord, en trente-sept articles, des commissionnaires proprement dits, réputant le mandat « commission commerciale » lorsqu'il a pour objet un acte ou une opération de commerce et que le commettant ou le commissionnaire est commerçant ou agent intermédiaire du commerce. Mais nous appelons l'attention de l'Académie sur la deuxième section du même titre, intitulée : « Des « autres formes du mandat commercial. Facteurs. Employés. « Commis », qui pourrait être utilement étudiée par les jurisconsultes désireux de combler les lacunes du code français de 1807. Notre législateur n'a pas défini les facteurs, desquels il est traité si longuement dans la plupart des législations européennes, et paraît les ignorer. « Celui « qui gère une entreprise, une fabrique ou un établisse- « ment commercial pour le compte d'autrui, lit-on dans le « nouveau code espagnol, et qui a l'autorisation de l'admi- « nistrer, de le diriger et de faire des contrats relatifs aux « choses qui s'y rattachent avec des pouvoirs plus ou moins « grands, suivant qu'il a paru convenable au propriétaire, « a la qualité légale de facteur ». Les articles 284 et suivants développent cette idée générale et déterminent avec une netteté remarquable la situation juridique du facteur. Les rédacteurs ont touché, dans la partie finale du même titre, à l'un des problèmes les plus *actuels* et les plus complexes de l'économie sociale : « *Si le contrat intervenu entre le* « *commerçant et ses commis ou employés a été fait pour* « *une durée déterminée*, y est-il dit (art. 299), aucun des « contractants ne pourra s'affranchir, sans le consentement « de l'autre, de l'exécution dudit contrat avant l'expiration « du terme convenu. Ceux qui contreviendront à cette dis- « position seront tenus de réparer les préjudices soufferts « par l'autre partie, sauf la disposition de l'article suivant ». « Seront spécialement, pour les commerçants (art. 300),

« motifs légitimes de congédier leurs employés, bien que
« ceux-ci n'aient pas accompli leur temps de service :
« 1° La fraude ou l'abus de confiance commis par lesdits
« employés dans les opérations qui leur ont été confiées ;
« 2° Le fait, par ceux-ci, d'avoir entrepris une opération
« pour leur propre compte sans en avoir donné connais-
« sance expresse à leur chef de maison et sans sa permis-
« sion ; 3° Tout manquement grave au respect et à la consi-
« dération dus au chef de maison et aux personnes qui
« appartiennent à sa famille ou qui sont placées sous sa
« dépendance ». « Lorsque la durée de l'engagement n'aura
« pas été indiquée (art. 302), chacune des parties pourra
« rompre le contrat en prévenant l'autre partie un mois à
« l'avance. Le facteur ou le commis auront droit, dans ce
« cas, au salaire correspondant à ce mois ».

Le titre VII, qui traite du contrat commercial de transport et ne contient pas moins de 31 articles, faisait également défaut dans le second livre du précédent code (1). Le
contrat de transport par les voies terrestres ou fluviales
de toute espèce est réputé commercial : 1° lorsqu'il a pour
objet des marchandises ou des effets de commerce quel-
conques ; 2° lorsque, ayant un autre objet quelconque, le
voiturier est commerçant ou se livre habituellement à des
transports pour le compte du public,

Le titre XII du même livre contient une des principales
innovations du nouveau code. Il est intitulé « Des effets au
« porteur, de la falsification, du vol et de la soustraction ou
« de la perte desdits effets ». Les effets au porteur sont
heureusement caractérisés en quelques mots : 1° ils vau-
dront, ainsi que leurs coupons, titre exécutoire dès le jour

(1) Il y était traité des *voituriers* dans la section IV du titre III du
livre I, les voituriers étant classés parmi « les agents auxiliaires du commerce ». C'est encore dans les deuxième et troisième sections du même
titre qu'on s'occupait des commissionnaires et des facteurs.

de l'échéance de l'obligation respective ou à présentation si le jour de l'échéance n'est pas indiqué ; 2° ils seront transmissibles par la simple tradition du document ; 3° ils ne seront pas soumis à la revendication s'ils ont été négociés en bourse avec l'intervention d'un agent inscrit et, là où il n'y en a pas, avec l'intervention d'un notaire public ou d'un courtier de commerce. Dans la partie relative au vol ou à la perte des documents de crédit ou des effets au porteur, on a pris pour type la loi française du 15 juin 1872.

Mais les titres mêmes du second livre qui ont été transportés de l'ancien dans le nouveau code y ont subi, pour la plupart, de profondes modifications.

La matière des sociétés commerciales est, pour ainsi dire, renouvelée. Désormais trois principes la dominent : 1° liberté complète dans la constitution de l'association ; 2° absence de toute ingérence administrative dans la gestion ; 3° publicité des actes intéressant les tiers. On a peut-être exagéré le premier de ces principes soit en s'abstenant d'édicter une seule disposition relative à la constitution d'un fonds de réserve, soit en n'enjoignant pas aux fondateurs des sociétés anonymes et en commandite par actions, de justifier que le capital a été souscrit intégralement et qu'une fraction quelconque de ce capital a été réellement versée. Toutefois on n'a pas soustrait à cette dernière obligations les compagnies concessionnaires de chemins de fer ou d'autres travaux publics, l'intérêt général pouvant être compromis, selon la remarque de M. Alonzo Martinez, si le gouvernement, la province, la municipalité s'engageaient dans de telles entreprises à la suite de compagnies fondées avec un capital fictif (1). Ce qui caractérise spécialement cette partie du nouveau code, c'est que les sociétés commerciales y sont distinguées non seulement d'après leur forme,

____

(1) M. H. Prudhomme fait observer que ce raisonnement pourrait être généralisé.

comme dans tous les codes de l'Europe ou de l'Amérique, mais encore d'après leur but. C'est ainsi qu'il y est traité successivement des sociétés de crédit (art. 175 et 176), des banques d'émission et d'escompte (art. 177 à 183), des compagnies de chemins de fer (art. 184 à 192), des sociétés de magasins généraux (art. 193 à 198), des sociétés de crédit foncier (art. 199 à 211) et des banques agricoles (art. 212 à 217). Aucun autre législateur, croyons-nous, n'a suivi cette marche.

Le code français de 1807 ne mentionne pas même les assurances terrestres. Quand le code espagnol de 1829 en parla, ce fut seulement pour développer en quelques articles la proposition suivante : « Les choses transportées par « terre peuvent être assurées, soit que le conducteur lui- « même, soit qu'un tiers prenne à son compte les dommages « qu'elles peuvent éprouver ». Mais, depuis soixante ans, une révolution s'est opérée dans cette branche de l'industrie humaine. Aussi le livre II du nouveau code traite-t-il successivement, dans diverses sections de son huitième titre, du contrat d'assurance en général, de l'assurance contre les incendies, de l'assurance sur la vie et de l'assurance du transport par terre. Il ne contient pas, comme les codes de commerce italien, roumain et portugais, de dispositions particulières à l'assurance des récoltes et de la solvabilité du débiteur ; mais un article final s'exprime en ces termes : « Pourra faire également l'objet du contrat « d'assurance commercial toute autre catégorie de risques « provenant de cas fortuits ou d'accidents naturels, et les « conventions auxquelles ils donneront lieu devront être « exécutées... » Les assurances mutuelles sont d'ailleurs régies par le code civil.

Enfin le titre dixième de l'ancien livre II (onzième du nouveau) a été singulièrement élargi. Il y est traité non seulement des bons et billets à ordre (*vales y pagarés*), mais des ordonnances ou rescriptions (*libranzas*) et des mandats de paiement appelés chêques. La *libranza* est un document de droit commun espagnol, d'un usage fréquent (1). On désigne par ce mot toute ordonnance, toute rescription expédiée sur un trésorier, un receveur, un administrateur ou une personne quelconque qui, agissant comme mandataire, a perçu des sommes pour le compte de son mandant et les tient à sa disposition. Les commerçants emploient couramment la *libranza* dans leurs opérations commerciales. La faculté d'y insérer la clause à ordre facilite encore cet usage, outre que, tirée sur un mandataire, elle n'est pas soumise, comme la lettre de change proprement dite, à la formalité de l'acceptation. On légifère sur les chèques dans une section spéciale qui procède des lois françaises du 14 juin 1865 et du 19 février 1874.

Le législateur de 1885, comme celui de 1829, s'est exclusivement occupé, dans le livre III, du commerce maritime. Le mouvement des idées modernes, les besoins nouveaux des peuples navigateurs, la transformation de la navigation maritime ont dicté, dans cette partie de l'œuvre législative, d'assez nombreux remaniements.

Titre premier. — Des navires. — « Les étrangers qui « n'ont pas de lettres de naturalisation ne peuvent acquérir « en tout ou en partie la propriété d'un navire espagnol... ; « le commerce d'un port espagnol à un autre port du « royaume sera exclusivement fait par navires sous matri- « cule espagnole, sauf les exceptions résultant de traités « de commerce avec les puissances étrangères », disait le code de 1829. Ces dispositions ne subsistent plus. On lit dans l'exposé des motifs que de semblables mesures, exclusivement justifiées par les besoins toujours variables du

(1) Voir à ce sujet, dans l'ouvrage que nous présentons à l'Académie, la note 3 de la page 158, qui a été rédigée d'après une communication faite par M. Oliver y Esteller, membre de l'Académie royale de Madrid, sous-directeur au ministère de la justice.

commerce national, sont nécessairement momentanées et ne sauraient en conséquence trouver place dans une loi d'un caractère permanent. C'est de toute évidence.

On lisait encore dans le code de 1829 : « Les navires s'ac-« quièrent dans les formes prescrites par la loi pour l'ac-« quisition de la propriété des choses commerciales. Toute « translation de propriété d'un navire, quelle que soit la « forme dans laquelle elle a lieu, doit être constatée par acte « public ». Le code de 1885 modifie heureusement cette so-lution : « L'acquisition d'un navire, dit-il, devra être cons-« tatée par un document écrit, lequel ne produira d'effet à « l'égard des tiers que s'il est inscrit sur le registre du « commerce ». On reconnaît aisément dans cette rédaction l'influence des théories françaises. En outre, tandis que le possesseur d'un navire ne pouvait le prescrire que par une possession continue de trente années, la propriété d'un bâ-timent de mer s'acquiert désormais « par la possession de « bonne foi continuée durant trois années avec juste titre « dûment enregistré : à défaut d'une de ces conditions, la « possession devra se continuer durant dix ans pour « aboutir à l'appropriation ». L'innovation est bonne. On peut encore signaler l'article 575, qui attribue aux copro-priétaires d'un navire aliéné partiellement un droit de pré-férence et de retrait à exercer dans les neuf jours.

TITRE II. — *Des personnes qui prennent part aux opéra-tions du commerce maritime.* — Cette partie du code est, à beaucoup d'égards, fort améliorée.

On y a distingué le propriétaire du navire et l'armateur proprement dit, en définissant l'armateur (1).

La copropriété des navires était réglée très imparfaite-ment : on a comblé les lacunes de l'ancien code et décidé, entre autres choses, que, si plusieurs personnes participent à la propriété d'un navire marchand, elles seront présu-

______
(1) A vrai dire, cette définition ne nous satisfait pas complètement.

mées constituer une société. On a déterminé d'une façon minutieuse les pouvoirs de l'armateur gérant qui doit être élu pas les associés copropriétaires.

La responsabilité des propriétaires de navires et des armateurs, démesurément restreinte par le code de Ferdinand VII, est à bon droit étendue. S'ils demeurent irresponsables, comme par le passé, des obligations contractées par le capitaine au cas où celui-ci sort de ses attributions ou excède ses pouvoirs, le législateur de 1885 ajoute : « Nonobstant si les sommes réclamées ont été employées « au profit du navire, le propriétaire dudit navire ou l'ar- « mateur sera responsable ». Le code de 1829 disait encore : « L'armateur n'est pas non plus responsable des excès « commis par le capitaine et son équipage pendant le cours « de la navigation; dans ce cas, il y a lieu seulement à pro- « céder contre les personnes et les biens des coupables ». Cette solution législative, que l'exposé des motifs signale avec raison comme absolument contraire aux principes du droit moderne, est abandonnée. Bien plus, les rédacteurs du nouveau code, répudiant une des plus déplorables erreurs de la jurisprudence française, énumèrent (art. 618) un certain nombre de circonstances dans lesquelles l'armateur n'est recevable à soulever aucune exception pour échapper à la responsabilité des actes de ses préposés. Ils ont compris l'immoralité de ces clauses générales d'irresponsabilité qui favorisent l'incurie de tous et compromettent non seulement le sort des marchandises, mais la sécurité des personnes : cette clairvoyance les honore.

Enfin le code de 1885 décrit avec une précision remarquable non seulement les obligations inhérentes à la charge du capitaine, mais celles du pilote, du contre-maître et des mécaniciens.

TITRE III. — *Des contrats spéciaux du commerce maritime.*—Nous signalons avant tout dans la première section, intitulée « du contrat d'affrètement », un chapitre où il est traité des passagers et qui manquait au code de Ferdinand VII. Il manque encore au nôtre, et pourtant cette matière spéciale est de celles qu'il vaut mieux ne pas abandonner aux incertitudes de la jurisprudence. Les rédacteurs du nouveau code ont heureusement utilisé la loi belge du 21 août 1879.

Ils n'ont supprimé ni le prêt à la grosse avant le départ du navire ni même le privilège issu de ce contrat.

Ils ont, au contraire, suivi l'impulsion de la science contemporaine en remaniant la section des assurances. Le montant du fret et le profit probable peuvent faire désormais l'objet d'une assurance maritime. L'assurance sur le fret peut être faite par le chargeur, par le fréteur ou par le capitaine : ceux-ci ne pourront toutefois assurer ce qu'ils ont reçu à valoir sur le fret, s'il n'avait été convenu que, dans le cas où le fret ne serait pas dû par suite d'un naufrage ou de la perte de la cargaison, ils rembourseraient la somme reçue. On doit consigner dans la police de l'assurance des profits la somme déterminée à laquelle l'assuré fixe le profit et l'obligation de réduire l'assurance si la comparaison du prix net de vente obtenu avec le prix d'acquisition démontre que le profit a été inférieur à l'évaluation. Toutefois le législateur espagnol persiste à défendre d'assurer les loyers des gens, la vie des passagers et des gens de l'équipage (1). On ne pouvait autrefois assurer les navires pour plus des quatre cinquièmes de leur valeur; le nouveau code, sans abroger cette règle, admet qu'il y puisse être dérogé, par une clause contraire expresse. Il cherche encore à compléter l'ancienne législation en soumettant le règlement des avaries par l'assureur à un certain nombre de règles générales. En principe, si le navire assuré a éprouvé

______

(1) Mais voir sur la portée de cette dernière prohibition l'*Introduction* de M. Henri Prudhomme, p. LII.

des dommages par fortune de mer, l'assureur ne paiera que les deux tiers des frais de réparation. Nous sortirions d'ailleurs de notre cadre en analysant ces dispositions nouvelles et nous renvoyons les jurisconsultes aux articles 771 et suivants.

TITRE IV. — *Des risques; dommages et accidents du commerce maritime.* — Il importe d'en signaler la troisième section, qui traite des abordages. Elle manquait au code de 1829 et l'on sait que le code français de 1807 contient sur cette matière importante un seul article, imparfaitement rédigé. Les voiliers, les bâtiments de petite dimension s'abordaient bien moins souvent que ne le font aujourd'hui les *steamers* et les grands navires : puis, à mesure que les routes maritimes ont été tracées avec plus de précision, le danger des collisions a beaucoup augmenté : c'est ainsi, chose bizarre, que la multiplicité des abordages coïncide avec les progrès de la navigation maritime. Aussi tous les codes rédigés dans la seconde partie du XIXᵉ siècle contiennent-ils sur ce sujet, comme le code espagnol de 1885, des développements devenus nécessaires.

TITRE V. — *De la justification et de la liquidation des avaries.* — C'est un nouveau titre, qui résout d'une façon distincte et détaillée diverses questions effleurées en 1829 dans la première section du titre précédent. Il y a là, particulièrement sur l'évaluation des objets qui doivent contribuer à l'avarie commune et des choses qui constituent l'avarie, un ensemble de règles sages, clairement déduites et bien coordonnées. Quand on remaniera le livre II du code de commerce français, il faudra consulter avec soin cette partie du code espagnol.

Il est encore utile de combiner le livre III du nouveau code commercial, ainsi que je l'expliquais l'an dernier dans mon *Introduction historique à l'étude du droit maritime*, avec le livre III, deuxième partie du code de procédure civile de 1881 et surtout avec l'ordonnance générale sur les douanes du 19 novembre 1884 (1).

Le dernier livre est intitulé : « De la suspension de paie-« ments, des faillites et des prescriptions ». Les règles de la prescription commerciale étaient éparses dans les différents livres de l'ancien code : le législateur de 1885 les a concentrées dans le second titre du livre IV, en commençant par déclarer que les actions pour l'exercice desquelles le nouveau code ne fixe pas un délai déterminé seront régies par les dispositions du droit commun.

Une résolution des Cortès du 21 juin 1880, qui avait autorisé le gouvernement à amender l'ancienne loi de procédure et en exécution de laquelle fut promulgué le nouveau code de procédure, du 3 février 1881, résumait ainsi les vœux du pouvoir législatif en matière de faillite : « Intro-« duire dans les *concours des créanciers* les amendements « en rapport avec leur objet, qui est de vérifier et de gra-« duer les créances, de réaliser l'actif et de procurer le « paiement dans le plus court délai, avec les moindres « frais possibles, et cela en donnant toutes les facilités « pour les accords des assemblées, en investissant le juge « du droit de prendre les mesures nécessaires à défaut de « ces accords, enfin mettre en harmonie cette procédure et « celle des faillites commerciales, en tant que le code de « commerce ne s'y oppose pas ». L'Espagne, au rebours de la France, admettait et réglementait déjà, depuis 1855, la faillite des non commerçants. La *ley de Enjuiciamento civil* du 3 février 1881 maintint ce dédoublement en réglant dans le titre XII du livre II le *concours des créanciers* en matière civile. Le titre suivant (art. 1318 à 1396) contient d'importantes dispositions sur la procédure des faillites (*del orden de proceder en las quiebras*). Les principes généraux

(1) Voir d'ailleurs, pour de plus amples développements, notre *Introduction historique*, p. 397 et suiv.

sont déjà posés et pénètreront la faillite commerciale elle-même, là du moins où il n'aura pas été voté, pour celle-ci, de dispositions dérogatoires (1).

Les faillis, d'après le code de Ferdinand VII, étaient répartis en cinq classes : la classification influant non seulement sur les conséquences pénales, mais encore sur le sort des biens et sur l'octroi d'un concordat, le juge civil devait expressément qualifier toute faillite. Le législateur de 1885 a commencé par réunir les deux classes inférieures (suspension de paiements, insolvabilité fortuite) en une seule, la faillite fortuite : celle-ci échappe à la répression pénale, si ce n'est au cas où la présomption d'un fait punissable résulterait, après le classement originaire, des instances engagées sur le concordat, sur la vérification des créances ou sur un incident quelconque (2). La faillite fautive, qui peut être punie de l'emprisonnement correctionnel à ses degrés inférieur ou moyen (3), correspond assez exactement à notre banqueroute simple : il est à remarquer que, d'après l'art. 529 du code pénal, le dividende influe sur la peine, constituant une circonstance aggravante ou une circonstance atténuante selon qu'il s'abaisse ou qu'il s'élève. Enfin le code de 1829 avait placé dans deux catégories différentes le détournement d'actif avec déplacement (*alzamiento*) et la dissimulation sur place : il n'y a plus qu'une seule faillite frauduleuse, réputée telle dans quinze cas qu'énumère l'article 890 du nouveau code. L'ancien système était d'une complication bizarre : on a très bien fait de le simplifier.

La plupart des nations européennes apportent depuis quelques années des adoucissements à l'ancienne situation des débiteurs déconfits. Un des procédés en usage est le

---

(1) Voir l'art. 1319 du code de procédure civile.
(2) Art. 897 du code de commerce.
(3) Voir les art. 538 et 542 du code pénal.

concordat préventif, adopté dans le canton de Genève et dans le royaume de Belgique, qui permet au débiteur de prévenir une demande de faillite en provoquant une réunion de créanciers qui votent un traité de remise ou d'atermoiement à une majorité déterminée, soumis à l'homologation du pouvoir judiciaire. C'est ce qu'on appelle en Espagne le bénéfice de *convenio*, introduit dans la législation par le code de procédure, livre II, titre XII, première section (art. 1130 à 1155) sous la rubrique *de la quita y espera* (de la remise et de l'atermoiement). Ce mécanisme s'appliquait-il à la faillite commerciale? Toute incertitude est dissipée, sur ce point, par le code de 1885 qui reconnaît formellement au négociant (art. 870 à 873) le droit de devancer par une demande de concordat les poursuites de ses créanciers tendant à la faillite. Mais il est à remarquer que le législateur, obéissant probablement à des nécessités pratiques, au lieu d'emprunter les règles propres à la *quita y espera* des non commerçants, façonne le concordat préventif, dénommé simplement *suspension de pagos*, sur le patron du concordat de faillite. Quand le négociant se voit hors d'état de faire face à ses échéances, qu'il ait ou non des biens suffisants pour solder son passif, il doit faire une déclaration de suspension de paiements dans les quarante-huit heures de l'arrêt de son service de caisse : le tribunal prononce l'état de suspension et, dans les dix jours suivants, la présentation d'un concordat aux créanciers s'impose.

D'après l'article 884 du nouveau code, « dès la date de la « déclaration de faillite, toutes les dettes passives du failli « cesseront d'être productives d'intérêts, sauf toutefois les « créances garanties par une hypothèque ordinaire ou un « nantissement et ce, dans les limites de ladite garantie. » Cette disposition, qui manquait au code de 1829, est très sage : les créanciers qui se sont assuré des intérêts cessent de garder un avantage à voir la liquidation se prolonger.

La législation très défectueuse et très embrouillée de 1829 sur les droits des créanciers en cas de faillite et leur rang respectif a été bouleversée. Désormais le classement des créances se fait en deux sections, la première comprenant celles qui doivent être payées avec le produit des biens meubles, et la seconde celles qui doivent l'être avec le produit des immeubles. Les créanciers de la première section sont répartis en six classes dont la première comprend trois subdivisions. Après « les créanciers possédant un titre écrit, « conjointement avec ceux qui sont nantis de titres ou con- « trats commerciaux faits par le ministère d'un agent ou d'un « courtier », lesquels figurent au quatrième rang, viennent au cinquième « les créanciers ordinaires *(comunes)* en « vertu d'opérations commerciales », et seulement au sixième « les créanciers ordinaires en vertu du droit civil (1) ». Cette préférence accordée aux créances d'origine commerciale est une particularité de la législation espagnole.

Le titre de la faillite comprend enfin deux sections qui manquaient au code de Ferdinand VII. La première, en huit articles, contient des dispositions générales sur la faillite des sociétés commerciales ; la seconde, en douze articles, traite de la suspension de paiements des compagnies de chemins de fer et d'autres travaux publics. Les concordats de ces compagnies sont soumis à des règles toutes spéciales, que nous signalons à l'attention non seulement des juris-consultes, mais encore des actionnaires et des obligataires français.

______

(1) Art. 913. L'art. 914 ajoute : « Les créanciers de la seconde sec-
« tion seront payés par préférence dans l'ordre suivant : 1° les créan-
« ciers jouissant d'un droit réel dans les termes et dans l'ordre établis
« par la loi hypothécaire ; 2° les créanciers jouissant d'un privilège par-
« ticulier et les autres créanciers énumérés par l'article précédent, dans
« l'ordre établi par ledit article. »

En dépit du sérieux effort qu'ont fait les rédacteurs de la loi nouvelle pour adapter l'organisation des faillites soit au mouvement des idées contemporaines, soit aux besoins actuels du commerce, la dernière partie du code est peut-être celle qu'on songera le plus tôt à remanier. Trop de règles sur l'administration et la marche des faillites ont été transportées dans le code de procédure. Il faut non seulement feuilleter deux codes à la fois, mais combiner sans cesse l'un avec l'autre, vérifier si le second ne déroge pas au premier et se demander continuellement s'il y a lieu d'appliquer à la faillite des commerçants un certain nombre de mesures prises d'abord en vue d'une autre faillite.

Nous ne rétractons d'ailleurs aucun des éloges que nous avions adressés au code de 1885 en exprimant, dans une de vos séances, le vœu qu'une traduction française en fût publiée. Tout en rendant hommage à la profondeur, à l'originalité scientifique qui caractérisent le code de l'empire allemand, nous sommes heureux de constater qu'on peut faire encore un excellent code commercial, en harmonie avec les progrès de la science et capable de répondre à toutes les nécessités de la vie industrielle et commerciale, sur le type des codes français. Nous croyons devoir rappeler à ce propos que, si le nouveau code de commerce applicable au Japon depuis le 1ᵉʳ janvier 1891 fut écrit d'abord en langue allemande, son principal rédacteur, le jurisconsulte Hermann Roesler, a pris néanmoins le code français pour modèle.

Orléans. — Imp. Paul Girardot.